BEI GRIN MACHT SICH IHR WISSEN BEZAHLT

- Wir veröffentlichen Ihre Hausarbeit, Bachelor- und Masterarbeit

- Ihr eigenes eBook und Buch - weltweit in allen wichtigen Shops

- Verdienen Sie an jedem Verkauf

Jetzt bei www.GRIN.com hochladen und kostenlos publizieren

Matthias Warkus

Zu: Karl Popper: Logik der Forschung, Kapitel IV u. V (§§ 19-30) - Falsifizierbarkeit und Basisprobleme

GRIN Verlag

Bibliografische Information der Deutschen Nationalbibliothek:

Die Deutsche Bibliothek verzeichnet diese Publikation in der Deutschen National-
bibliografie; detaillierte bibliografische Daten sind im Internet über http://dnb.d-
nb.de/ abrufbar.

Impressum:

Copyright © 2003 GRIN Verlag GmbH
Druck und Bindung: Books on Demand GmbH, Norderstedt Germany
ISBN: 978-3-640-11162-6

Dieses Buch bei GRIN:

http://www.grin.com/de/e-book/19723/zu-karl-popper-logik-der-forschung-kapitel-
iv-u-v-19-30-falsifizierbarkeit

Philipps-Universität Marburg, FB 03 (Institut für Philosophie); SS 2003
PS: Die Philosophie Karl Poppers (Prof. Dr. Peter Janich)

Ausarbeitung des Referates zu:
Karl Popper: Logik der Forschung, Kapitel IV und V (§§ 19 - 30)
– Falsifizierbarkeit und Basisprobleme –[1]

Matthias Warkus (2. FS)
17. September 2003

1 Vorbemerkung

1.1 Zur Stellung des Texts im Gesamtwerk

Das vorliegende Papier unternimmt die Besprechung der Kapitel IV und V der »Logik der Forschung«, d. h. der eigentlichen Darlegung des Falsifikationismus.

Nachdem Popper die erkenntnistheoretische und methodologische Problemlage in den Kapiteln I bis II dargestellt und in Kapitel III seinen Theorienbegriff dargelegt hat, wird hier erläutert, worauf sich die Gültigkeit einer Theorie überhaupt beziehe und wann sie zu enden habe. Gegenstand dieser Kapitel sind somit die *Falsifizierbarkeit* von Theorien (Kapitel IV) und die *Basissätze* (Kapitel V), auf denen der Wissenschaftsbetrieb, wie ihn Popper skizziert, zu ruhen hat.

Die weiteren Kapitel befassen sich mit handwerklichen Details: Kapitel VI und VII diskutieren Metriken für falsifikationistische Prüfbarkeit und Einfachheit von Theorien; Kapitel VIII beschäftigt sich, ausgehend von dem Problem, Wahrscheinlichkeitsaussagen falsifizierbar zu machen, raumgreifend mit Wahrscheinlichkeitstheorie, und Kapitel IX versucht, die gewonnenen Erkenntnisse auf die Quantenmechanik anzuwenden. In Kapitel X endlich wird das Konzept der graduellen Bewährung geschildert, das an Stelle der Verifizierung tritt, die nach falsifikationistischer Lehre nicht möglich ist.[2]

1.2 Zur Vorgehensweise

Die Reihenfolge, in der die besprochenen Paragraphen im Text erscheinen, erscheint mir streckenweise nicht unbedingt als die methodisch sinnvollste. Ich habe daher entschieden, die Besprechung des Textes nicht an dieser Abfolge

---

[1] POPPER, KARL R., Logik der Forschung. Tübingen: Mohr Siebeck, [10]1994, S. 47-76.

[2] Der Löwenanteil der »Logik der Forschung«, wie sie heute erscheint, besteht darüber hinaus aus einem zwischen 1934 und 1994 entstandenen komplexen Apparat von Zusätzen, Anhängen und Anmerkungen (hierzu cf. Abschnitt 3.2).

entlang, sondern auf andere Weise zu ordnen. Nach Poppers kritischer Stellungnahme zu anderen Ansätzen als seinem eigenen sollen also seine Falsifizierbarkeitslehre und endlich sein Basissatzbegriff besprochen werden.

Der für eine Referatsverschriftlichung relativ große Umfang der Arbeit ist mehreren Gründen geschuldet: Einmal habe ich es unternommen, die von Popper im Text nur sprachlich beschriebenen Visualisierungen als Zeichnungen wiederzugeben; zum andern entstand diese Arbeit parallel zu einer weiteren Referatsverschriftlichung über die Philosophie Hugo Dinglers[3], wobei ich nicht umhin konnte, diverse Querbezüge zu be- und anzumerken. Zum dritten halte ich an der behandelten Strecke aus dem Text Poppers erhebliche Kritik für möglich und notwendig, was zu einem vergleichsweise großen Umfang des Kritikteils (Abschnitt 3) geführt hat.

2 Argumentation Poppers

2.1 Kritik an früheren und konkurrierenden Theorien

Popper kritisiert vorausgehende und rivalisierende wissenschaftstheoretische Ansätze grundsätzlich auf zwei Ebenen: einmal auf jener der Gewinnung erster Erkenntnisse und zudem auf jener der Verarbeitung dieser Basis in einem theoretischen Überbau. Die Kritik an der Basisebene umfasst die am Psychologismus und am Protokollsatzbegriff des Wiener Kreises; die an der Verarbeitungsebene den Konventionalismus.

Der für den Psychologismus genannte Hauptvertreter ist Fries[4]; er schlägt als Alternative zum dogmatischen Aufstellen von wissenschaftlichen Sätzen und zum unendlichen Regress der Begründung solcher Sätze in immer neuen Sätzen vor, die Wissenschaft auf *Erlebnissen* zu gründen. Wahrnehmungs- und Überzeugungserlebnissen haben nach psychologistischer Auffassung eine Unmittelbarkeit, die ihnen ohne weitere Begründung Gültigkeit verleiht.

Für Popper ist diese Auffassung nicht tragbar, da wissenschaftliche Aussagen von Universalien handeln, die »undefinierbar, nur durch den Sprachgebrauch [festgelegt]«[5] sind und sich nicht irgendwie aus Wahrnehmungserlebnissen konstituieren lassen. Die »von Theorien [durchsetzte]«[6] Sprache ist von den unmittelbaren, einmaligen, in keinerlei Hinsicht universellen Wahrnehmungen durch den Graben des Induktionsproblems getrennt.

---

[3]Ebenfalls im Sommersemester 2003 eingereicht bei Prof. Dr. Janich.
[4]Vgl. POPPER, S. 60.
[5]A. a. O., S. 51, Fußnote 2.
[6]Vgl. a. a. O., S. 76.

Über diesen Graben und damit über das Kernproblem des 'naiven' Psychologismus hinweg zu kommen, ist auch ein Anliegen des Wiener Kreises (genannte Vertreter: Neurath, Carnap, Reininger[7]). Dessen Versuch, die Wissenschaftstheorie auf eine gänzlich sprachliche bis formalsprachliche Basis zu stellen, fußt auf dem Begriff des Protokollsatzes. Die Protokollsatzlehre ist ein 'linguistisch gewendeter' Psychologismus, indem nun die Wissenschaften nicht mehr das Erlebnis, die Wahrnehmung, sondern die möglichst exakte sprachliche Wiedergabe von Wahrnehmungen zur Grundlage nehmen sollen. Protokollsätze (und nur diese) sollen hinfort Sätze sein, die keiner Begründung bedürfen.

Dieser Ansatz entwertet sich, indem er Protokollsätze sowohl zur Basis aller anderen Sätze als auch für revidierbar erklärt. Es ist de facto willkürlich, welche Sätze der Wissenschaftler zur Theoriebildung anerkennt und welche nicht, da er nach Neurath z. B. bei zwei widersprüchlichen Protokollsätzen die Wahl hat, eine Stützhypothese in die Theorie einzuführen, die den Widerspruch beseitigt, oder einen der Sätze schlicht zu verwerfen – aus dem Protokoll zu streichen.

Poppers vorangehende Konventionalismuskritik ist gewissermaßen redundant, da sie sich letztlich auf das gleiche Grundproblem bezieht. Als Vertreter des kritisierten Konventionalismus nennt der Autor neben Poincaré, Duhem, Eddington, Cornelius und Adjukiewicz vor allem Hugo Dingler.[8] Konventionalismus wird dabei eine Auffassung genannt, die einerseits konstruktivistische (»Die Naturwissenschaft ist für den Konventionalisten (...) eine rein begriffliche Konstruktion«[9]), andererseits auch formalistische Züge trägt (»Nur von *dieser* Welt [d. h. der 'künstlichen, von uns geschaffenen Begriffswelt'] spricht die Wissenschaft.«[10]). Infolgedessen sind für den Konventionalisten Naturgesetze freie Definitionen; Ziel konventionalistisch motivierten Wissenschaftsbetriebes ist Wissenschaft als vollbegründeter Aufbau[11] aus solchen Definitionen.

Popper hält den Konventionalismus zwar für »in sich geschlossen und durchführbar«[12]; Problem daran sei allerdings der ihm innewohnende Systemkonservativismus, der Hang des konventionalistischen Wissenschaftlers, den sich immerhin per definitionem durch unübertreffliche Einfachheit auszeichnenden Aufbau mit allen Mitteln zu verteidigen, sei es durch ad-hoc-Hypothesen oder Verwerfen von Messungen.[13] Obwohl dem Psychologismus völlig abgeneigt, gibt also auch der Konventionalismus einen Freibrief zum Streichen von Protokoll-

---

[7]Vgl. POPPER, S. 62.

[8]Vgl. a. a. O., S. 47f.

[9]A. a. O., S. 48.

[10]A. a. O., S. 48 (Hervorhebung im Original).

[11]Terminologie Dinglers, vgl. DINGLER, HUGO, Die Ergreifung des Wirklichen. Kapitel I-IV. Frankfurt am Main: Suhrkamp, 1969, S. 67, 97.

[12]POPPER, S. 48.

[13]Vgl. a. a. O., S. 49.

sätzen. Popper fordert von der Wissenschaft jedoch die Fähigkeit, Systeme aufzugeben, um an ihrer Stelle neue, bessere errichten zu können, was durch konventionalistisches Haften an der Eleganz und Einfachheit des Althergebrachten verhindert würde.

Poppers Hauptkritik gilt durchweg jeder Beliebigkeit im Umgang mit den 'Eingabedaten' der Wissenschaften. Dies können Erlebnisse als Erkenntnisgrundlage sein wie im Psychologismus (ob unmittelbar wie bei Fries oder sprachbezogen wie beim Wiener Kreis) oder aber experimentelle Messungen nicht als Außenweltwahrnehmung, sondern als unteilbares Ganzes wie im Konventionalismus[14] – ein Streichen oder Gültigmachen von 'Ausreißern' in den Meßdaten nach Augenmaß soll nicht zulässig sein.

2.2 Position des Falsifikationismus

Gegen diese Positionen setzt Popper nunmehr seinen Falsifikationismus, der sich zuallererst als eine *Methode*, nicht als ein Systemcharakteristikum einführt: An einem wissenschaftlichen Satzsystem lässt sich nicht immanent erkennen, ob es falsifikationistisch oder z. B. konventionalistisch ist. Falsifikationismus nennt sich eine bestimmte Art des Wissenschaftsbetriebes, der gekennzeichnet ist durch den »*Entschluß*, seine Methoden [d. h. die des Konventionalismus] nicht anzuwenden und im Falle einer Bedrohung des Systems (...) nicht unter allem Umständen das zu „... erzielen, was 'Übereinstimmung mit der Wirklichkeit' genannt wird"«[15].

Statt durch 'Kunstgriffe' Theoriesysteme an neue Erkenntnisse anzupassen, sie zu 'immunisieren'[16], verlangt der Falsifikationismus, Theorien gegebenenfalls als falsifiziert zu erkennen, sie dann zu verwerfen und bei Zeiten durch bessere zu ersetzen. Explizit genannt werden vier zu vermeidende Kunstgriffe mit den zugehörigen Vermeidungsweisen:[17]

Hilfshypothesen sollen nur erlaubt sein, wenn sie den Falsifizierbarkeitsgrad des Theoriesystems[18] erhöhen.

Umdefinitionen von Begriffen[19] sollen erlaubt sein, aber als Neubau des Systems gelten.

---

[14] Das Erkennen der Scheidelinie zwischen Innen und Außen, zwischen Wahrnehmung und Wahrgenommenem als menschliches Konstrukt ist der Punkt, in dem Dingler den Psychologismus überwindet (vgl. DINGLER, S. 86-88).

[15] POPPER, S. 50 (Hervorhebung im Original).

[16] Terminologie Hans Alberts; vgl. a. a. O., S. 50, Fußnote *1.

[17] A. a. O., S. 51.

[18] Dieser bestimmt sich, grob gesagt, nach der Mächtigkeit der Vorgangsmenge (cf. Abschnitt 2.3.1), die das System verbietet; vgl. a. a. O., S. 77-96.

[19] Vgl. a. a. O., S. 42-44.

Undefinierte Universalien sollen, sofern sie sicht nicht ohnehin bei der Deduktion weiterer Basissätze in definiertere Begriffe auflösen, als streng geregelte
Sprachgebräuche weiter verwendet werden.

Nebeneffekte wie vermutete Fehler in Experimenten sollen nie einfach zur Ver-
nachlässigung eines Messergebnisses führen; ihnen muss nachgegangen werden, bis entweder ein intersubjektiv reproduzierbarer Vorgang, der zu neu-
er Theoriebildung nötigt, gefunden oder ein »Gegenexperiment«[20] ange-
stellt worden ist.[21]

Es folgt die formale Definition der Falsifizierung von Theorien. Unter Vor-
aussetzung, dass es Basissätze gibt, an denen Theorien scheitern können, wird
die Forderung aufgestellt, dass eine empirische Theorie Sätze enthalten muss,
aus denen sich durch Hinzunahme von Randbedingungen neue Sätze (die nicht
mit den Randbedingungen selber identisch sind) ergeben können. Vor allem aber
muss eine Theorie festlegen, welche Sätze sich nicht ergeben dürfen, welche Sätze
sie verbietet. Diese Sätze heißen Falsifikationsmöglichkeiten. »Eine Theorie ist
falsifizierbar, wenn die Klasse ihrer Falsifikationsmöglichkeiten nicht leer ist.«[22]

Eine sporadische, im Konflikt mit einer Theorie stehende Beobachtung soll
diese allerdings noch nicht verwerfen. Es muss nicht nur ein Ereignis, sondern
ein Vorgang (d. h. beliebig reproduzierbare Ereginisse) gefunden werden, der
eine Falsifikationsmöglichkeit der Theorie ist und damit eine falsifizierende Hypothese bewährt (cf. Abschnitt 2.3.1).

Selbstverständlich ist für Popper, dass eine empirische Theorie im Sinne des
Falsifikationismus widerspruchsfrei sein muss, da ansonsten per 'ex falso quodli-
bet' beliebige Sätze ableitbar wären. Falsifizierbarkeit ergibt sich dabei als Son-
derform der Widerspruchsfreiheit: Wie ein widerspruchsfreies Satzsystem die
Menge aller möglichen Sätze in wahre und falsche zerlegt, zerlegt eine falsifizier-
bare Theorie die Menge aller möglichen Basissätze in verbotene und erlaubte.[23]

Weiterhin wichtig ist die Festsetzung, dass Wissenschaft objektiv zu sein habe. Popper stellt sich damit auf eine naturalistische Position, die er später »ro-
busten Realismus«[24] nennt: Wissenschaft handle von einer objektiven Realität
und nicht von menschlichen Erlebnissen, da sonst z. B. Evidenzerlebnisse als
Grundlage wissenschaftlichen Schließens dienen könnten. Dass uns diese objektive Realität nur durch Wahrnehmung und somit letztlich durch Erleben zugäng-

---

[20]POPPER, S. 52.

[21]Gemeint ist damit wohl ein Experiment, das auf anderem Wege denselben 'Naturvorgang'
'beobachtet'.

[22]A. a. O., S. 53.

[23]Vgl. a. a. O., S. 59.

[24]A. a. O., S. 76.

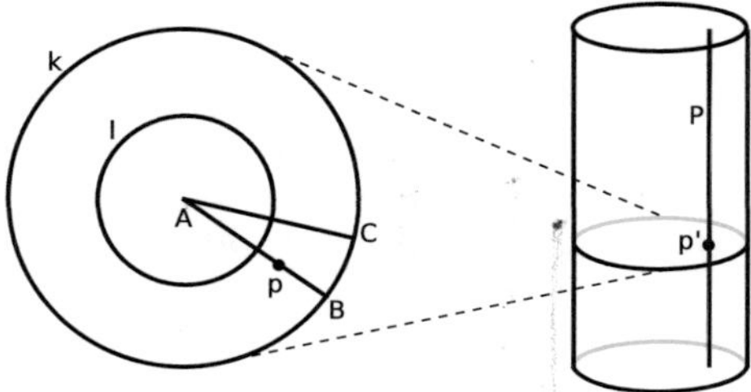

Abbildung 1: Das Verhältnis zwischen Vorgängen, Ereignissen und Sätzen: Poppers Kreismodell (links) als Schnittebene durch den Zylinder aller möglichen Sätze über die Welt (rechts)

lich werden kann, wird für Popper dadurch gelöst, dass grundsätzlich alles, was Wissenschaft behauptet, sich in Ketten intersubjektiv nachprüfbarer Deduktionsschritte zerlegen lassen müsse.[25] Die rein sprachliche Natur der vertretenen 'Forschungslogik' bleibt davon unberührt, allein schon deswegen, da ein nichtsprachlicher Bezug in die Lebenswelt keine rein formallogische Vorgehensweise zulassen würde.

2.3 Basissätze

Diese Basissätze, also Sätze über die Welt, die Theorien falsifizieren können, werden nun in Kapitel V eingehender besprochen.

2.3.1 Ereignis und Vorgang

Um den Basissatzbegriff mit seinen Implikationen zu verstehen, ist es notwendig, zuerst seine Herleitung aus Poppers rein sprachlichem Konzept des Verhältnisses von Sätzen, Ereignissen und Vorgängen nachzuvollziehen.

Popper gibt selbst eine anschauliche grafische Darstellung der Begriffe 'Vorgang' und 'Ereignis'[26], die in Abbildung 1 wiedergegeben ist.

Der Kreis um A durch B entspricht die Klasse aller möglichen Basissätze; seine Fläche ist der »Inbegriff aller möglichen Erfahrungswelten«[27] – alles, was der Fall sein kann[28]. Konzentrischen Kreislinien wie k oder l entspricht demnach jeweils die Gesamtheit aller möglichen Ereignisse an einem Raumzeit-Punkt.

---

[25]Vgl. POPPER, S. 65f.

[26]Vgl. a. a. O., S. 57.

[27]A. a. O.

[28]Vgl. WITTGENSTEIN, LUDWIG, Logisch-philosophische Abhandlung. Tractatus logico-philosophicus. Frankfurt am Main: Suhrkamp, 2003, Sätze 1, 1.12 und 4.26.

Ein Radius wie $\overline{AB}$ oder $\overline{AC}$ ist ein Vorgang: die Menge aller 'homotypen' Ereignisse mit unterschiedlichen Individualien (Raumzeit-Koordinaten). (Zur Problematik der Konstitution von Vorgängen aus Ereignissen cf. Abschnitt 3.4.)

Ein Punkt wie p ist ein Ereignis: der Abstand $|\overline{AD}|$ entspricht seiner Position in der Raumzeit.

All dies sind *rein sprachliche Kategorien*: ein Ereignis ist nur eine Menge von besonderen Sätzen, die das Gleiche beschreiben. Man mag sich also den Kreis als Schnitt eines Zylinders mit der Zeichenebene vorstellen; dies ist in der Grafik durch gestrichelte Linien angedeutet.[29] Dem Ereignis P entspricht eine Höhe dieses Zylinders, und jedem besonderen Satz, durch den P dargestellt wird, ein Punkt auf P.

Eine Schnittebene durch den Zylinder entspricht einer Menge von sprachlich gleich gebildeten Sätzen, die alle möglichen Ereignisse darstellen, i.e. einer Beschreibung aller möglichen Welten in einer Normsprache.

Der Zylinder selbst entspricht der Menge aller möglichen Sätze, die etwas über die Welt aussagen. Jeder Satz über die Welt ist also festgelegt durch drei 'Koordinaten': erstens durch eine Vorgangsart; zweitens durch einen Raumzeit-Punkt; drittens durch eine sprachliche Ausdrucksweise.

Einzig die Vorgangsart ist dabei für Popper von Relevanz. Um falsifizierbar zu sein, muss eine empirische Theorie mindestens einen Vorgang (einen Radius) verbieten, besser eine Menge von Vorgängen, d. h. einen endlich breiten Sektor wie ABC, da ein einzelner Radius unendlich schmal und damit nicht zu beobachten wäre[30]. Somit wird auch das Konzept von der Falsifizierung durch Bewährung einer falsifizierenden Hypothese deutlicher: Beobachtet werden können immer nur Ereignisse; es muss erst das Auftreten von Ereignissen in einem durch die Theorie verbotenen *Vorgang* reproduzierbar herbeigeführt werden können, bevor die Theorie als verworfen gelten kann.

2.3.2 Forderungen an Basissätze

Basissätze als Sätze, die Theorien falsifizieren können, müssen nun also besondere Sätze sein, genauer »singuläre Es-gibt-Sätze«[31], Beschreibungen von Ereignissen[32], idealerweise in Form einer Vorgangsbeschreibung mit einer Zeit- und

---

[29] Die Zylinderdarstellung ist ein Kompromiss. Die konsequente Fortsetzung von Poppers Schema würde bedeuten, die dritte Dimension durch Rotation statt durch Extrusion einzubringen, was dann zu einem (schwer übersichtlich zu zeichnenden) Kugelschema führte.

[30] Vgl. POPPER, S. 77.

[31] A. a. O., S. 67.

[32] Den von Popper gemachten Unterschied zwischen Es-gibt-Sätzen der Form »Bei k gibt es ein x« und »Bei k geschieht P« halte ich für vernachlässigbar, da auch das Verharren als Vorgang nach der oben gegebenen Definition betrachtet werden kann.

Raumpunktangabe, so dass der zugehörige »universelle Es-gibt-Satz«[33] sich einfach durch Wegfall dieser Angabe ergeben kann.

Des weiteren ist gefordert, dass Basissätze durch »Beobachtung« nachprüfbar zu sein haben. Dem hier voraussehbaren Vorwurf des Psychologismus entzieht sich das bei Popper bezeichnenderweise immer in Anführungszeichen gestellte »Beobachten« durch gewollte Undefiniertheit. Das nicht weiter spezifierte, jedem Menschen (es ist die Rede von Intersubjektivität) zugeschriebene Beobachten-Können[34] hat hier den Charakter eines 'Je-schon', den beispielsweise bei Dingler das aktive Wollen-Können und das Handeln-Können aufweisen.

Hieraus ergibt sich eine »Relativität der Basissätze«[35]: einerseits wird immer mit den aktuellen Versionen der Basissätze gearbeitet, andererseits ist jeder Basissatz potenziell unendlich verfeinerbar[36]. Statt dem Psychologismus als drittem Weg wählt Popper eine Kombination aus dem Dogmatismus des Arbeitens mit dem Verfügbaren und dem unendlichen Regress der Verfeinerbarkeit der Basissätze, in dem sich seiner Meinung nach die Probleme beider Ansätze gegenseitig aufheben und das Friessche Trilemma sich auflöst.

Wichtig ist hierbei, dass die Basissätze ihren Charakter als *Setzungen* behalten. Sie werden experimentell aufgestellt und dienen bei der Theoriebildung zur Randbedingung. Findung von Basissätzen und Begründung von Theorien werden verglichen mit dem Geschworenenbericht bzw. dem Urteil in einem Schwurgerichtsprozess: der Bericht der Geschworenen ist eine Behauptung über die Welt, die weder letzte Realität noch unrevidierbar ist. Er hat keine Begründung nötig, so, wie auch Basissätze durch den Experimentator aufgestellt und dann als 'vorläufige Wahrheit' zu gelten haben. Das Urteil des Richters jedoch, entsprechend der Theorie, die über den Basissätzen aufgebaut wird, muss methodologisch korrekt zu Stande kommen und begründet sein.[37]

Den eigentlichen Wissenschaftsbetrieb vergleicht Popper nunmehr mit einem Pfahlbau in einem grundlosen Sumpf (Abbildung 2): die potenziell unendlich verfeinerbaren Basissätze entsprechen potenziell unendlich tief eintreibbaren Gründungspfählen, die mindestens so weit vorgetrieben werden, wie es die Last der auf ihnen aufgebauten Theorien fordert.[38]

---

[33] POPPER, S. 68.
[34] Vgl. a. a. O., S. 69.
[35] A. a. O.
[36] Vgl. DINGLER, S. 74f. zur unbegrenzten Fülle als Merkmal von Gegenständen der Außenwelt.
[37] Vgl. POPPER, S. 74f.
[38] Vgl. a. a. O., S. 76.

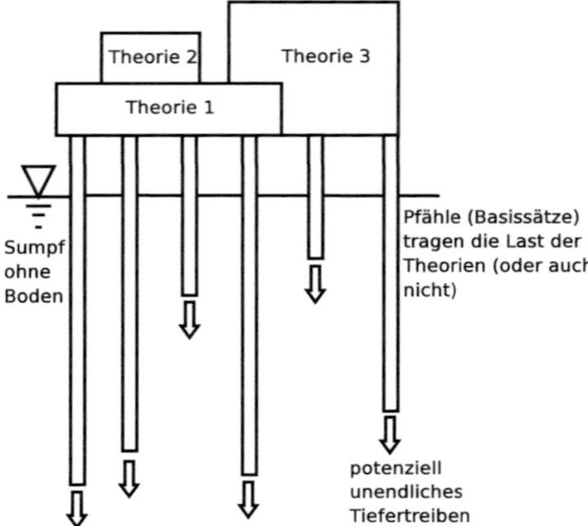

Abbildung 2: Das Poppersche Pfahlbaumodell der empirischen Basis der objektiven Wissenschaft

3 Anmerkungen und Kritik

Die verschiedenen unabhängigen Kritikpunkte werden von mir in derselben Abfolge angerissen, in der das Kritisierte im obenstehenden Referatsteil vorkommt.

3.1 Zum »robusten Realismus«

Die Annahmen, die Poppers »robuster Realismus« für sein Funktionieren und seine Sinnhaftigkeit voraussetzt, decken sich einerseits mit dem 'gesunden Menschenverstand', sind aber philosophisch von so großer Tragweite, dass eine genauere Betrachtung sich empfiehlt.

Der »robuste Realismus« verlangt eine objektive Realität jenseits von Wahrnehmung und Sprache. Naturgesetze versuchen, Vorhersagen für Ereignisse in dieser Realität zu geben. Sie kommen durch Beobachtung zu Stande.

Der passive Charakter dieser Beobachtung ist hierbei entscheidend. Obwohl Popper bei seiner Untersuchung bekanntermaßen stets die Experimentalphysik im Blick hat, scheint es streckenweise, er halte es für möglich, die Naturgesetze durch genügendes passives Wahrnehmen zu erschließen. Seine Forderung nach Reproduzierbarkeit von Ereignissen zu einem bestimmten Vorgang impliziert zwar letztlich eine Orientierung am Handeln. Genauer ausgeführt wird dies aber nirgendwo.

Dass jede Beobachtung -sogar ohne Hilfsmittel- schon ein aktives Eingreifen in die Welt darstellt, insofern sie das Erlebnis nachträglich in Wahrnehmenden, Wahrnehmung und Wahrgenommenes aufbricht, also nicht unreflektiertes Erleben, »Haben im Unberührten«[39] ist, scheint Popper völlig fremd. Wider Erwarten - man möchte bei einem Physiker, zumal einem, der der Anwendung seiner Theorie auf die Quantenmechanik ein eigenes Kapitel gewidmet hat, davon ausgehen, dass ihm die sich bspw. in der Unschärferelation niederschlagende Problematik, dass beim Messen stets das Gemessene 'angefasst' werden muss, präsenter ist.

3.2 Zum Falsifikationismus an sich

Wie der Name schon sagt, beschäftigt sich Falsifikationismus ausschließlich mit der Falsifikation von Theorien, nicht mit ihrer Erarbeitung. Theoriebildung ist nicht Poppers Thema. Die Vorstellung, dass Theorien aus dem Nichts auftauchen und an Hand der Welt auf Gültigkeit geprüft werden, ist jedoch recht realitätsfremd. Thomas Huxleys berühmte unendliche Anzahl von Affen mit unendlich vielen Schreibmaschinen, die, wie Arthur C. Clarke angemerkt hat, irgendwann nicht nur Shakespeares sämtliche Werke, sondern auch alle formulierbaren wissenschaftlichen Theorien zu Papier bringen würden,[40] steht uns schließlich nicht zur Verfügung, genausowenig wie die kosmologischen Zeiträume, die sie dafür bräuchten.

So entspringen neue Theorien generell nicht ohne Erblasten aus einer neutralen Theorienquelle, sondern stehen grundsätzlich auf Grundlage der alten, doch nahezu sämtliche Wege von einer alten Theorie in eine neue sind in der »Logik der Forschung« als verwerfliche konventionalistische Kunstgriffe gebrandmarkt. Popper schießt mit seinem Ausschluss 'fortschrittsfeindlicher' Methoden meiner Meinung nach weit über sein Ziel hinaus: Ein methodologisches Regelwerk für den *Umbau* von Theorien statt nur für ihren Abriss (wobei keine Regeln für den anschließenden Neubau vorliegen!) würde nicht nur herkömmliche Übergänge von Alt zu Neu, sondern auch das dargestellte komplette Verwerfen (als geregelten, vollständigen Rückbau) einschließen.

Bemerkenswert ist hierbei, dass Popper, der grundsätzlich die Falsifizierbarkeit aller Theorien fordert, seine eigene Wissenschaftstheorie nicht einer eventuellen Falsifizierung aussetzt. Polemisch gesagt erinnern die über einen Zeitraum von mehreren Jahrzehnten erfolgten Anmerkungen an die im Text selber gescholtene Praxis, durch Umdefinitionen, Stützhypothesen o. Ä. eine geschwächte Theorie zu retten. Popper arbeitete offensichtlich 60 Jahre lang im Dialog mit

---

[39]Vgl. DINGLER, S. 86.

[40]Vgl. N.N., Transterrestial Musings - Comment posted at May 29, 2003 01:11 PM. ⟨URL: `http://www.interglobal.org/weblog/archives/002613.html`⟩ – Zugriff am 2003-08-30.

der wissenschaftlichen Gemeinde an seinem Haupttext weiter, ohne diesen inhaltlich irgendwie zu verändern außer durch Ergänzungen, die doch sehr wie das konventionalistische Zur-Deckung-bringen-Wollen einer Theorie mit der Realität wirken. Ehrlichkeit vor seinem eigenen System hätte als Reaktion auf ernste Kritik zumindest eine wirkliche Revision des Texts, wenn nicht gar der Theorie selber, verlangt.

3.3 Zur Widerspruchsfreiheit von Theorien

Die Forderung der Widerspruchsfreiheit, die Popper an jede empirische Theorie stellt, gründet sich auf das Prinzip der klassischen Aussagenlogik, dass ein einziger Widerspruch im System dieses gänzlich entwerte. Dieses Schwarz-Weiß-Denken ist jedoch mittlerweile größtenteils überwunden: die moderne Logik kennt Kalküle, in denen sich auch aus widerspruchsvollen Systemen noch sinnvolle Sätze ableiten lassen.

Popper fordert daher für den heutigen Stand der Logik zuviel bzw. das Falsche von Theorien. Seinem Theoriendarwinismus folgen und dabei dennoch die Möglichkeit des sinnvollen Erklärenkönnens der Welt mit teils widerspruchsvollen Theorien berücksichtigen könnte man mit der abgeschwächten Forderung, dass bei zwei das Gleiche erklärende Theorien diejenige zu bevorzugen sei, die weniger Widersprüche enthält – eine fast triviale Regel analog zu Ockhams Rasiermesser.

3.4 Zur Fundierung des Basissatzbegriffs in der Lehre von Ereignis und Vorgang

Wie in Abschnitt 2.3.1 referiert, sind Vorgangsbeschreibungen für Popper Ereignisbeschreibungen ohne Raum- und Zeitpunktangaben. Es wird also implizit gefordert, dass alle Wissenschaft raumzeitlich neutral sein müsse bzw. umgekehrt aller Raum und alle Zeit wissenschaftlich neutral. Ein willkürlicher Schnitt, der sich pragmatisch sicher als nützlich rechtfertigen ließe; Popper unterlässt jedoch jede Begründung, warum gerade Raum und Zeit als Individualien zu gelten haben, nicht weniger und nicht mehr – warum genau sollen aber zwei umgestoßene Gläser an zwei verschiedenen Tagen zum selben Vorgang gehören, zwei umgestoßene Gläser in zwei verschiedenen Farben jedoch nicht?

Ohnehin lässt sich die Zusammenordnung von Ereignissen zu Vorgängen nicht so streng logisch definieren, wie es hier den Anschein hat. Wird das geschilderte Beispiel des Wasserglases[41] erweitert auf »Hier und jetzt wird ein Glas Wasser umgeworfen und zerbricht«, stellt sich beispielsweise die Frage, welche Gläser als äquivalent zu betrachten sind (alltagssprachlich ist so viel »Glas«, dass nicht alle

---

[41] Vgl. Popper, S. 57.

Gläser unter denselben Bedingungen zerbrechen) – die naheliegende Auflösung, dass Gläser im Sinne dieses Vorgangs Objekte sind, die sich dem Vorgang gemäß verhalten, führt zum Zirkel. Etwas frivol ausgedrückt begibt sich Popper hier in ein Tal, aus dem ihn erst eine Art Ideenlehre wieder herausführen könnte.

Wird die Konstitution von Vorgängen aus Ereignissen nun selber als Prozess gesehen, der sich einer eventuellen Falsifizierung der zu Grunde liegenden Theorie auszusetzen hat, dann wird der Falsifikationismus in sich zirkulär; zumindest wird die vermeintlich so scharf gezogene Grenze zwischen falsifizierbaren und nicht falsifizierbaren Theorien schwammig, da ihre Ziehung eben schon die genaue und umfassende Definition des Vorgangsbegriffs verlangt. Überlässt man die Vorgangskonstitution dem Konsens der Wissenschaftler, finden nicht falsifikationistisch kontrollierbare, implizite Theorien durch die Theoriedurchsetztheit der Sprache ihren Weg in den Wissenschaftsbetrieb. Beides ist unbefriedigend.

Die wesentlich unproblematischere Definition des Ereignisses als Satzmenge ist völlig eindeutig, aber nicht von großem Erkenntniswert, da sie zirkulär ist: Sätze sind äquivalent, wenn sie zum gleichen Ereignis gehören; ein Ereignis definiert sich als eine Menge von äquivalenten Sätzen.

Aufbrechen ließen sich dieser Zirkel auf der einen Seite durch das Einführen einer rein syntaktischen Definition von Satzäquivalenz, die sich nicht auf die Welt bezieht und damit unkontrolliert die Theoriedurchtränktheit[42] der Alltagssprache einführt, die das ganze Ziel der Definition des Ereignisses als Satzmenge hintertreiben könnte.[43]

Die andere Lösungsmöglichkeit ist das Eingeständnis, dass es doch einen nicht rein sprachkritisch oder formallogisch wegerklärbaren Unterschied zwischen einem Ereignis und einer Menge äquivalenter Sätze geben muss, mithin dass der Wahrheitsgehalt von Bp_kP_k[44] und Bq_kP_k bekannt sein muss, bevor Ap_kq_k[45] entschieden werden kann, da letzteres sich einfach zu $Bp_kP_k \wedge Bq_kP_k$ auflöst.

---

[42]Vgl. POPPER, S. 76.

[43]»Das Glas zerspringt« ist ein anderer Satz als »Das Glas zerbricht«, gehört aber nicht immer zum selben Ereignis, wenn z. B. ein Sprecher angenommen wird, der (wie es in der Schriftsprache üblich ist) das Zerstörtwerden eines Glases durch innere Wärmespannung im Gegensatz zu seinem Zerstörtwerden durch äußere Gewalt stets Zerspringen und nicht Zerbrechen nennt. Ob die beiden Sätze »Gestern um 17 Uhr zersprang mein Wasserglas« und »Gestern um 17 Uhr zerbrach mein Wasserglas« zum selben Ereignis gehören, lässt sich nicht kontextfrei entscheiden, sondern verlangt Kenntnis des Geschehenen und eventuell sogar des Sprechers.

[44]Lies: »p_k beschreibt P_k«.

[45]Lies: »p_k ist äquivalent zu q_k«.

3.5 Zur »Beobachtbarkeit«

Aus diesen Problembereichen befreit sich Popper jedoch relativ elegant durch die Forderung, dass Basissätze von jedermann nachgeprüft und jederzeit durch Ausformulierung oder Deduktion von Folgesätzen präzisiert werden können müssen, mithin durch die Forderung der »Beobachtbarkeit« der Vorgänge (referiert in Abschnitt 2.3.2). Ein ungenügener Protokollsatz kann so durch experimentelle Tätigkeit eines beliebigen Forschers durch ein oder mehrere präzisere abgelöst werden.

Fraglich bleibt, was durch die Forderung von Beobachtbarkeit eigentlich gewonnen ist, wenn diese in sich undefiniert bleibt, und vor allem, ob der Unterschied dazwischen, einen unklaren Basissatz zu präzisieren (de facto: ihn durch andere zu ersetzen) und einen ungenügenden Protokollsatz zu streichen, denn so groß ist.

4 Fazit

Da die »Logik der Forschung« wohl als wichtigste, einflussreichste und sicher meistdiskutierte wissenschaftstheoretische Schrift des 20. Jahrhunderts betrachtet werden muss, fragt es sich, ob es sich denn lohnt, noch weitere beurteilende Worte dazu zu verlieren, zumal für einen Studenten, der damit gerade seine erste Begegnung mit Poppers Werk erlebt. Der darin beschriebene Falsifikationismus[46] gilt in der Wissenschaftstheorie in dieser Form ebenso allgemein als überholt, wie er in den Einzelwissenschaften immer noch gerne kolportiert wird (im Besonderen in den Sozialwissenschaften).

Was macht Poppers bleibendes Verdienst nun aus, abgesehen von dem immensen Aufmerksamkeitszuwachs für die moderne Wissenschaftstheorie, den sein Werk begründet hat? Klare methodologische Regeln für Forschung sind schon früher gefordert woren, und das Induktionsproblem ist nicht nur so alt wie Hume, sondern so alt wie die Philosophie selber.

Für mich persönlich handelt es sich bei der »Logik der Forschung« hauptsächlich um den kühnen (und sinnvollen) Versuch, sozusagen aus der Retorte ein umfassendes Handwerkszeug für die Beurteilung wissenschaftlicher Erkenntnisprozesse auf ihre Rechtmäßigkeit im Begründungszusammenhang zu liefern. Der gewählte, rein sprachliche Ansatz (Ereignisse sind bloße Satzmengen!) trägt leider den Keim des Scheiterns bereits in sich. Zwar beschränkt sich Popper

---

[46]Die Bezeichnung 'kritischer Rationalismus' erscheint mir recht bedeutungsleer – welche 'marktgängige' Philosophie ist denn nicht kritisch und rational oder will es zumindest sein?

darauf, von den Sätzen zu reden, 'über die sich alle einig sind', da sie jeder gleichermaßen im experimentellen Handeln nachvollziehen können muss, aber die völlig richtig erkannte Theoriedurchsetztheit jeder Sprache stellt sich, wie oben ausgeführt, mehrfach dem Anliegen in den Weg, und das schon bei scheinbar so einfachen wie der Entscheidung über Äquivalenz von Sätzen und Homotypie von Ereignissen.

Wenn nichts anderes, so weist Poppers Theorie immerhin auf, dass Wissenschaftstheorie in doppeltem Sinne in der Praxis fußen sollte – dass sie einmal die Realität des Forschungsbetriebes berücksichtigen muss und zum anderen keine reine Sprachtheorie sein kann, die sich mit aktivem Handeln nur nebenbei beschäftigt.

Literatur

Dingler, Hugo: Die Ergreifung des Wirklichen. Kapitel I-IV. Frankfurt am Main: Suhrkamp, 1969

N.N.: Transterrestial Musings - Comment posted at May 29, 2003 01:11 PM. ⟨URL: `http://www.interglobal.org/weblog/archives/002613.html`⟩ – Zugriff am 2003-08-30

Popper, Karl R.: Logik der Forschung. Tübingen: Mohr Siebeck, [10]1994

Wittgenstein, Ludwig: Logisch-philosophische Abhandlung. Tractatus logico-philosophicus. Frankfurt am Main: Suhrkamp, 2003

Philipps-Universität Marburg, FB 03 (Institut für Philosophie); SS 2003
PS: Die Philosophie Karl Poppers (Prof. Dr. Peter Janich)

Handreichung zum Referat zu:
Logik der Forschung, Kapitel IV und V:
Falsizierbarkeit und Basisprobleme[1]

Matthias Warkus

21. Mai 2003

IV. Falsifizierbarkeit

19. Die konventionalistischen Einwände Der *Konventionalismus* sieht die Wissenschaft als rein begriffliche, möglichst einfache Konstruktion. Die Naturgesetze sind darin letztlich tautologische Definitionen und weder falsizier- noch verifizierbar. Diese Sicht erlaubt a) freies Aufstellen von Stützhypothesen; b) freie Änderung von Zuordnungsdefinitionen; c) freies Streichen von Beobachtungen; d) freies Spekulieren auf Gültigkeit oder Ungültigkeit von Theorien/Theorieteilen.

20. Methodologische Regeln Dagegen setzt sich der *Falsifikationismus* methodologische Regeln, um der »Immunisierung«, d.h. der konventionalistischen Wendung zu entgehen. a) sind nur Hilfshypothesen erlaubt, die den Falsifizierbarkeitsgrad der Theorie erhöhen; b) sind Definitionen nur zu erlauben, wenn zweckmäßig, und ist jede Definitionsänderung als Systemneubau zu betrachten; c) dürfen Beobachtungen nicht als fehlerhaft verworfen, sondern jedem Effekt muss nachgegangen werden; d) ist keine Spekulation auf theoretische Entwicklungen erlaubt.

21. Logische Untersuchung der Falsifizierbarkeit Falsifizierbar ist eine Theorie, wenn sich a) aus ihr zusammen mit Randbedingungen besondere empirische Sätze ableiten lassen, und zwar mehr als aus den Randbedingungen allein; und b) somit die Theorie die Klasse aller Basissätze zerlegt in eine Klasse erlaubten und eine Klasse von verbotenen Basissätzen (ihre Falsifikationsmöglichkeiten). *»Eine Theorie ist falsifizierbar, wenn die Klasse ihrer Falsifikationsmöglichkeiten nicht leer ist.«*[2]

22. Falsifizierbarkeit und Falsifikation Eine Theorie ist nicht einfach dadurch falsifiziert, dass ein mit ihr nicht vereinbares Ereignis auftritt; es muss ein falsifizierender Effekt (Vorgang; s.u.) reproduzierbar auftreten – eine *falsifizierende Hypothese* muss sich bewähren.

23. »Ereignis« und »Vorgang« Ein besonderer Basissatz beschreibt ein *Ereignis*. *Äquivalente* Sätze (»Da draußen regnet es gerade.«; »Vor jenem Fenster fällt soeben Regen.«) stellen dasselbe Ereignis dar. *Homotype* Ereignisse (»Da draußen regnet es.«; »In Frankfurt hat es gestern geregnet.«) gehören demselben *Vorgang* an. Theorien dürfen nicht nur Ereignisse, sondern müssen mindestens einen Vorgang, d.h., bei der Kreisflächendarstellung der Klasse aller Basissätze[3] mindestens einen Radius, ausschließen.

24. Falsifizierbarkeit und Widerspruchslosigkeit Dass ein falsifizierbares System zuerst einmal *widerspruchslos* sein muss, ergibt sich von selbst, da sich aus einem widerspruchsvollen System alles und nichts ableiten lässt und es somit weder Basissätze verbietet noch erlaubt.

---

[1] POPPER, KARL R., Logik der Forschung. Tübingen: Mohr Siebeck, [10]1994, S. 47–76.
[2] a. a. O., S. 53.
[3] vgl. a. a. O., S. 57.

V. Basisprobleme

25. Erlebnisse als Basis (Psychologismus) Der *Psychologismus* sieht Wissenschaft als systematische Darstellung von Sinneswahrnehmungs-, d.h. Überzeugungserlebnissen. Dies scheitert daran, dass es unmöglich ist, 'reine' Sinneserfahrungen auch nur auszusprechen, ohne schon Universalien zu verwenden. (Es gibt keine reinen Beobachtungen; unsere Sprache ist theoriedurchsetzt.[4])

26. Über die sogenannten »Protokollsätze« *»Protokollsätze«*, die formstrenge Aufzeichnung von Sinneserlebnissen, sind nach Auffassung des Wiener Kreises »Sätze, die selbst nicht der Bewährung bedürfen«[5]. Ob es überhaupt möglich ist, einen Protokollsatz an der Realität zu messen, ist fraglich; evtl. willkürliches Streichenkönnen von Sätzen oder der Umbau von Theorien, um sie an Einzelsätze anzupassen, führen in eine ähnliche Falle wie der Konventionalismus.

27. Objektivität der Basis Objektive Wissenschaft und subjektives Wissen müssen sich also irgendwie unterscheiden. Dass z.B. Logiken sich nicht auf protokollierbare Evidenzerlebnisse gründen, ist allgemein anerkannt. Objektiviert werden kann ein Basissatz durch sein Auflösen in möglichst einfach Nachzuvollziehendes.

28. Die Basissätze Zur genaueren Definition: Basissätze als *»objektiv kritisierbare besondere Prüfsätze«*[6] dürfen a) nie ohne Randbedingungen aus einem allgemeinen Satz folgen; b) ihre Negation darf kein Basissatz sein. Typische Basissätze sind daher singuläre Es-gibt-Sätze. Was ein Basissatz aussagt, muss (intersubjektiv, intersensual) beobachtbar sein. Was »beobachtbar« heißt, lässt sich dabei nicht definieren.

29. Relativität der Basissätze. Auflösung des Trilemmas. Das Trilemma (Dogmatischer Abbruch vs. Infiniter Regress vs. Psychologismus) lässt sich somit aufbrechen: Basissätze lassen sich durch Deduktion anderer Sätze stets weiter auflösen, theoretisch also in unendliche Tiefe. *Es gibt keine letzten Sätze.*

30. Theorie und Experiment Die Basissätze, mit denen gearbeitet wird, sind also konventionale, unter Wissenschaftlern verstandene Setzungen, die anlässlich der Anwendung einer Theorie stattfinden. Der Theoretiker setzt möglichst genaue Basissätze, der Experimentator versucht sie zu reproduzieren. *Wissenschaftlicher Fortschritt ergibt sich, wenn das Experimentalergebnis dem gesetzten Basissatz widerspricht und somit die Theorie falsifiziert.*

Der Forschungsprozess wird in Analogie zum 'klassischen'[7] Schwurgerichtsprozess gebracht: Basissätze sind der nur formal prüfbare Wahrspruch, die der Experimentator als Jury liefert; Theorien die falsifizierbaren Urteile, die der Theoretiker als Richter aufstellt.

Das Gebäude aus Basissätzen und theoretischem Überbau wird verglichen mit einem Pfahlbau in einem grundlosen Sumpf: Pfähle (=Basissätze) werden gesetzt und können beliebig weit in den Sumpf getrieben werden, ohne einen Grund zu erreichen.

---

[4]vgl. POPPER, S. 76.
[5]Carnap lt. a. a. O., S. 62
[6]a. a. O., S. 76.
[7]österreichischen? britischen?